सुंदर छोटा सतिारा

द्वारा लखिति Sylva Nnaekpe

Copyright © 2019 Sylva Nnaekpe.

सर्वाधिकार सुरक्षति । इस पुस्तक का कोई भी हस्सिा कसिी भी साधन, माध्यम से नहीं हैं जा सकता है,
ग्राफकि, इलेक्ट्रॉनकि या यांत्रकि, फोटोकॉपी, रकिॉर्डगि, टेप सहति
या कसिी भी जानकारी के लएि भंडारण पुनर्प्राप्त प्रणाली बनिा लखिति अनुमति के
महत्वपूर्ण लेख में सन्नहिति संक्षप्ति उद्धरणों के मामले के अलावा लेखक का
और समीक्षा ।

कतिाबों को कतिाब के माध्यम से आदेश दयिा जा सकता है या
संपर्क करके Silsnorra Publishing at:
silsnorra@gmail.com

इंटरनेट की गतशिील प्रकृति के कारण, कोई वेब पता या
प्रकाशन के बाद से इस पुस्तक में नहिति लंिक बदल गए हैं
और अब मान्य नहीं हो सकता है । इस काम में व्यक्त कएि गए वचिार हैं
लेखक के केवल वे लोग और प्रकाशक के वचिारों को प्रतबिबिति नहीं करते हैं,
और प्रकाशक ने उनके लएि कोई जम्मिदारी नहीं दी ।

Isbn: 978-1-951792- 24-4 (सॉफ्ट कवर)
Isbn: 978-1-951792-23-7 (हार्ड कवर)
Isbn 978-1-951792-38-1 (इलेक्ट्रॉनकि कतिाब)

अंतमि पृष्ठ पर मुद्रण जानकारी उपलब्ध है ।

Silsnorra Publishing समीक्षा तथिि: **10/18/2019**

खुशी, खुशी और हंसी में मेरा

जन्म हुआ ।

यह देखने के लिए

सबसे सुंदर दृश्य था ।

मेरे पास सबसे सुंदर

वशिषताएं हैं: बाल, आँखें,

नाक, कान, दांत,

और मुंह-बलि्कुल अन्‍य

लोगों की तरह ।

मेरा दलि करुणा, प्यार,

और देखभाल से भरा है

। मेरे पास एक मन है मै अपने

आप को बुला सकता हूँ ।

मै एक मुफ्त भावना-तैयार,

सक्षम हूँ, और नई चीजों को

सीखने और एक्सप्लोर करन

` के लिए तैयार हूँ ।

रक्त मेरी रगों में दौड़ता है,

और मैं वकिास और वकिास की

उसी प्रक्रयिा से अधकि अन्य

बच्चों के रूप में जाता हूँ ।

मैं क्रॉल करना सीख लेता हूँ,

बात करता हूँ, बैठता हूँ,

खड़ा हूँ, चलता हूँ, और

चलाता हूँ, जैसे कई बच्चे

मलिते हैं ।

मैं जीवन के उपहार का

आनंद लेता हूँ-हवा, पानी, भोजन,

पेय, सूर्‌य, सूर्‌य, रेत,और मौसम-बलि्कुल

बाकी सभी की तरह ।

मेरे पास बहुत सारी ऊर्जा है। मै मौसम सूट करने के लिए कपड़े पहने हुए हूँ, और मै एक शांत बच्चा हूँ।

मै उन लोगों से घिरा हुआ हूँ जो परवाह करते है और मुझे अच्छी तरह से देखना चाहते है।

मैं जो कुछ भी चाहता हूँ और जो मैं चाहता हूँ, वह होने के लिए बड़ा हो जाएगा, जो मुझे प्यार करता है, मेरे बारे में परवाह करता है,

और मेरे चारों ओर हैं ।

मैं प्यार करता हूँ, और मैं परवाह करता हूँ.

कुछ चीजें हमें अलग करने की कोशशि

कर सकते हैं, लेकनि मुझे वशि्वास

है कि एक साथ, हम दुनयिा को इससे

बेहतर बना सकते हैं ।

मेरा नाम Ivry है ।

मै सुंदर हूँ

और

तो क्या तुम हो ।